Se inteligente con tu dinero

Ganar dinero

por Nadia Higgins

la feria
de platos
75¢

Bullfrog
Books

Ideas para padres y maestros

Bullfrog Books permite a los niños practicar la lectura de texto informacional desde el nivel principiante. Repeticiones, palabras conocidas y descripciones en las imágenes ayudan a los lectores principiantes.

Antes de leer

- Hablen acerca de las fotografías. ¿Qué representan para ellos?

- Consulten juntos el glosario de fotografías. Lean las palabras y hablen de ellas.

Durante la lectura

- Hojeen el libro y observen las fotografías. Deje que el niño haga preguntas. Muestre las descripciones en las imágenes.

- Lea el libro al niño, o deje que él o ella lo lea independientemente.

Después de leer

- Anime a que el niño piense más. Pregúntele: ¿Alguna vez has ganado dinero? ¿Qué aprendiste?

Bullfrog Books are published by Jump!
5357 Penn Avenue South
Minneapolis, MN 55419
www.jumplibrary.com

Copyright © 2018 Jump! International copyright reserved in all countries. No part of this book may be reproduced in any form without written permission from the publisher.

Library of Congress Cataloging-in-Publication Data is available at www.loc.gov or upon request from the publisher.

ISBN: 978-1-62031-999-4 (hardcover)
ISBN: 978-1-62496-731-3 (paperback)
ISBN: 978-1-62496-678-1 (ebook)

Editor: Jenna Trnka
Book Designer: Molly Ballanger
Photo Researcher: Molly Ballanger

Photo Credits: S _ Photo/Shutterstock, cover (bottom); Hortimages/Shutterstock, cover (left); icemani/Shutterstock, cover (right); Eme Medioli/Shutterstock, 1; WilleeCole Photography/Shutterstock, 3; ESB Professional/Shutterstock, 4; polya _ olya/Shutterstock, 5; Lucky Business/Shutterstock, 6, 23bl; dobok/iStock, 7; skynesher/iStock, 8–9; Monkey Business Images/Shutterstock, 10–11; Andrey _ Popov/Shutterstock, 11, 23tl; Caiaimage/Paul Bradbury/Getty, 12–13, 23br; Elena Hramova/Shutterstock, 14–15; Malachy666/Shutterstock, 16 (background), 23tr; Anastasia Bobrova/Shutterstock, 16 (foreground), 23tr; LWA/Dann Tarif/Getty, 17; Helen Marsden/Getty, 18–19; Deborah Kolb/Shutterstock, 20–21; PAKULA PIOTR/Shutterstock, 22tl; O _ Schmidt/Shutterstock, 22bl; Rob Marmion/Shutterstock, 22tr; Inc/Shutterstock, 22br; Steven Frame/Shutterstock, 24.

Printed in the United States of America at Corporate Graphics in North Mankato, Minnesota.

Tabla de contenido

Trabajar por dinero

Necesitamos dinero para comprar cosas. ¿Cómo conseguimos dinero?

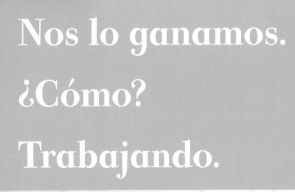

Nos lo ganamos.

¿Cómo?

Trabajando.

La mamá de Max
tiene un empleo.

Ella es una peluquera
de perros.

A ella le pagan después de cada corte de pelo canino.

El papá de Max
vende coches.

Él gana dinero cada
vez que vende uno.

La mamá de Ramona
es doctora.

Ella recibe un
cheque de pago.

Gana el mismo
sueldo cada semana.

cheque
de pago

¿Los niños pueden ganar dinero?

¡Sí!

Max hace tarjetas.
Él va a venderlas.

Ramona tiene quehaceres.

Trabaja extra para ganar dinero.

Sam riega el jardín de sus vecinos.

Le pagan semanalmente.

Tú también puedes
ganar dinero.

¿Qué trabajos
puedes hacer?

Maneras de ganar dinero

quehaceres

vendiendo limonada

vendiendo manualidades

trabajo de jardinería

Glosario con fotografías

cheque de pago
Un cheque que se gana por trabajar.

quehaceres
Trabajos fáciles que se hacen en casa.

peluquero
Alguien que corta y diseña el cabello.

vender
Dar algo a cambio de dinero.

Índice

Para aprender más

Aprender más es tan fácil como 1, 2, 3.

1) Visite www.factsurfer.com

2) Escriba "ganardinero" en la caja de búsqueda.

3) Haga clic en el botón "Surf" para obtener una lista de sitios web.

Con factsurfer.com, más información está a solo un clic de distancia.